DU PEUPLEMENT

ET DE

LA VRAIE COLONISATION

DE L'ALGÉRIE

Par Jules QUINEMANT

LIEUTENANT-COLONEL EN RETRAITE,

PROPRIÉTAIRE-COLON A L'OUED-YACOUB (PRÈS CONSTANTINE)

CONSTANTINE

IMPRIMERIE ET LIBRAIRIE L. ARNOLET

RUE DU PALAIS

—

1871

PRÉFACE

J'étais loin de penser, il y a quinze jours, qu'une conversation avec un haut personnage de la province, relativement aux embarras du moment et aux préoccupations de l'avenir, en ce qui concerne l'Algérie, m'amènerait à traiter une question complexe, pour laquelle je ne peux pourtant point décliner ma compétence, puisqu'il faut être, à mon avis, militaire et colon pour l'aborder. Cependant, il m'a fallu un témoignage d'encouragement, dicté sans doute par un bienveillant intérêt, pour me faire sortir de la réserve que je m'étais imposée, car il n'entre pas dans mon caractère de me mettre en relief, et, par conséquent, de m'exposer à être critiqué.

Je déroge donc en faveur de l'idée émise, toute nouvelle et pleine d'actualité comme d'opportunité, et, quoique ce travail soit bien incomplet, je déclare que j'ai été entraîné au-delà des « simples notes » dont je devais décorer le titre de cet opuscule, qui ne devait pas sortir de l'officiel, et que je dédie à l'autorité militaire et à mes amis.

15 août 1871.

AVANT-PROPOS

Les Arabes ne sont pas assimilables; leur religion, leurs mœurs et le climat, sont un obstacle insurmontable pour notre civilisation. La vie militaire et les intérêts les rapprocheront momentanément de nous; ils feront quelques progrès en agriculture et en industrie, mais l'identification ne sera jamais complète.

L'Arabe, quelle que soit la parcelle de terre dont il dispose, ne cultive pas lui-même; il lui faut un khammès pour faire ses travaux d'agriculture et lui servir de domestique. S'il a beaucoup de terrains, il en loue une partie et il fait exploiter le reste au moyen de ces mêmes khammès, qui se partagent, entre eux, le cinquième net de la récolte : pour lors, l'Arabe nomade est, ou maître ou fellah; ses animaux sont généralement errants ou peu surveillés, ce qui occasionnerait des procès continuels, si la propriété avait la valeur et était divisée comme elle l'est en France.

Ainsi donc, l'Arabe, pour vivre, ne peut être circonscrit dans un terrain par trop restreint; cinquante hectares qui formeraient un lot convenable pour une famille européenne, seraient insuffisants pour lui, car, la première année, il cultiverait le tout; la deuxième, il louerait la moitié et ensemencerait le restant; la troisième année, le rendement diminuerait considérablement, et enfin, après cinq ou six ans, son terrain serait tellement épuisé et envahi par de mauvaises plantes, qu'il ne produirait presque rien.

Pour que cette surface puisse suffire à l'indigène, il faudrait qu'il bâtît une habitation; qu'il traitât son bétail à l'européenne, fît du fumier et labourât profondément. Or, en admettant qu'il trouve un emplacement favorable pour construire à proximité de l'eau, ce qui est assez rare à rencontrer, sa famille serait bientôt chassée de la maison par la vermine et ferait place au bétail qui dépérirait par la malpropreté et le manque de soins, si bien, que l'immeuble serait délaissé et tomberait vite en ruines, faute d'entretien.

Quant à l'amendement des terres, le pacage des animaux, au milieu des tentes, y supplée, mais irrégulièrement, attendu qu'il y a trop de fumier dans un endroit, ce qui brûle les céréales, et pas assez dans d'autres; en outre, le labourage profond exigerait un matériel dispendieux, qui se détériorerait promptement, faute d'abri, plus un mode de traction autre que celui si simple employé avec les animaux du pays, généralement trop faibles pour les instruments perfectionnés.

Le préambule ci-dessus rapportant des faits connus de tout le monde et qui peuvent paraître décousus à première vue, a principalement pour objet de faire ressortir que le sénatus-consulte de 1863, fort heureusement enrayé dans son application par l'insurrection qui vient de se produire et qui a même amené la séquestration de certains territoires révoltés, manquait doublement son but humanitaire, en ce sens, qu'il compromettait la colonisation existante, l'entravait dans son essor, et que le stationnement des indigènes amenait inévitablement leur ruine à bref délai, l'abandon du sol étant la résultante forcée des exigences fiscales ou usuraires; puis venait le désespoir, mauvais conseiller, et enfin la mort ou l'équivalent, par suite de misère ou de rébellion.

CE QU'IL AURAIT FALLU FAIRE

Tout d'abord, il aurait fallu procéder par zône d'envahissement et n'aller en avant que lorsque les derrières auraient été assurés par une colonisation bien assise, protégée par des gendarmes et des agents de police, tandis que l'armée se serait tenue sur la limite extrême, éclairée, assez loin, par des blokaus sémaphoriques, dont l'Arabe n'a jamais pu s'emparer de vive force.

Dans ce milieu peuplé et constitué, le Préfet aurait été l'administrateur incontesté et les conflits d'autorité n'auraient pas eu leur raison d'être. Les musulmans, — par leurs titres melk — et ceux qui nous avaient rendu des services et s'étaient compromis pour notre cause, — par l'octroi de concessions, — se seraient trouvés mélangés et enclavés avec les Européens, ce qui aurait fait disparaître les inconvénients subversifs du sénatus-consulte, qui attribue la terre à l'occupant, en dehors du contact de la civilisation et du progrès.

Bref, en occupant des points stratégiques éloignés, qui ont eu pour effet de disséminer les forces et de rendre la protection inefficace; puis, en concédant sans règle ni mesure, à quelques particuliers ou à des sociétés, les meilleurs terrains pourvus d'eau et qui se prêtaient à la création de centres populeux, on a rendu la colonisation, si précaire, qu'une insurrection devait infailliblement amener l'anéantissement des propriétés isolées, et remettre en question la pacification et la colonisation de l'Algérie.

CE QU'IL FAUT FAIRE

Je pose comme axiome, que la conquête ne sera complète, que lorsque la population européenne contre-balancera, sinon numériquement, du moins moralement, celle indigène, et j'ajouterai : que plus il y aura de baïonnettes, plus les Arabes, maintenus et gagnant de l'argent, ourdiront de complots qui éclateront à un moment critique, ou simplement par l'effet de la pléthore sociale.

La question ainsi posée, se résume donc en ces deux points : peupler le pays de colons sérieux et utiliser les Arabes comme auxiliaires de la défense et de la colonisation, puisqu'on ne veut point les refouler ni les jeter à l'eau, ce à quoi on sera peut être bien obligé, plus tard, si l'absorption n'arrive pas naturellement, par le frottement des deux religions.

Or, les circonstances se présentent merveilleusement pour la réforme à introduire, et l'on peut hardiment avancer que, si l'on ne saisit pas l'occasion providentielle qui se présente, pour constituer quelque chose de durable par l'ensemble et la résistance, il faudra désespérer, non-seulement de la prospérité du pays, mais encore de son salut.

Disons, tout d'abord, que le morcellement des terres est déjà trop avancé et qu'il y a trop d'intérêts engagés, pour que les droits acquis ne soient pas respectés : ce sont donc les azels et l'emplacement arch des tribus auxquelles le séquestre a été appliqué, qui devront faire les frais du plan à adopter, et il y a lieu, dès lors, de classer ces terres disponibles, en territoires européens et territoires indigènes.

Les territoires européens sont ceux où des centres de population peuvent vivre par l'industrie agricole, fruitière, minière ou forestière, comme en Kabylie, ou bien par la culture et le bétail, dans le Tell, à la condition que les communications soient toujours assurées avec la mer, base des opérations.

Les territoires indigènes sont ceux où l'Arabe peut seul s'établir, soit qu'il n'y ait pas d'eau d'une manière permanente, soit que la proximité des frontières ou du désert, soit un obstacle à la sécurité; ou bien encore, que les terrains soient situés au-delà du rayon de protection à laquelle le colon a droit.

Dans cette conjoncture, il s'agit de procéder au peuplement, et avant d'aborder ce point délicat, une petite digression me semble indispensable.

Faut-il compter sur l'immigration pour peupler l'Algérie ? Je ne partage pas cette illusion, par la raison que les gens qui viendraient ici, n'auraient pas de ressources, généralement, et, en eussent-ils suffisamment, ils feraient bien de continuer à végéter en France, sans s'exposer à compromettre leur avenir, leur famille et leur santé, car je pose en fait que les débuts sont très-difficiles, sans aide ni protection, et, précisément, les connaissances agronomiques qu'on peut posséder, ne doivent être appliquées qu'avec prudence et discernement, en prenant pour base ce que pratique l'Arabe, quitte à perfectionner, après observation et connaissance du climat, ce qui exige du temps, qui est de l'argent.

Puis, pour faire un colon, il faut avoir brûlé ses vaisseaux, sans possibilité d'un retour que la moindre indisposition, contrariété ou déception suggère bientôt, quand il n'y a qu'un grand canal comme la Méditerranée à traverser pour retrouver pays, parents, amis.

Les sociétés ou compagnies offrent-elles des ressources et des garanties pour le peuplement? Hélas! ce qui s'est produit jusqu'à ce jour, dit assez que le résultat a consisté dans l'aliénation des meilleures terres, louées en grande partie aux Arabes, en ce moment, et que le profit n'a été ni pour les actionnaires, ni pour le pays, ni pour l'État.

Faut-il donc recourir aux appelés, auxquels il resterait trois ans de service à faire, ainsi que le voulait, m'a-t-on dit, M. le maréchal Bugeaud, dont je n'ai pas lu la brochure? Certes, on aurait trouvé parmi ces jeunes soldats, des gens de bonne volonté, principalement dans l'armée d'Afrique, familiarisés avec les indigènes et le climat, et qui, par versatilité, ou par désir de se soustraire au service actif, auraient accepté cette position qui, d'ailleurs, ne les engageait à rien. Cependant, je ne suis pas de cet avis, parce que ces jeunes gens ont quitté leur pays par force, à un âge où tout était à l'état de mystère, et, à la libération, ils auraient éprouvé le besoin de se rendre compte de ce qui aurait germé dans leur cerveau ou leur cœur, pendant le cours de leur congé.

Et puis, est-ce à vingt-quatre ans, dans la force des passions, lorsqu'on est susceptible des plus grands sacrifices et des plus beaux dévouements, qu'on pense à asseoir quelque chose de positif, de durable, si le mobile, qui fait l'objet des rêves et des vœux, la femme enfin, ne sert pas de stimulant et ne fixe point les idées?... Or, je suis bien convaincu que peu d'hommes seraient restés sur les lieux, et l'État en aurait été pour ses frais et son insuccès, ainsi que cela a eu lieu, en **1848**, avec les colons déportés.

Puisqu'on ne peut faire fond sur les civils, les compagnies et les jeunes soldats, à qui faut-il donc faire appel ?

Il existe, dans l'armée, une catégorie d'hommes que je considère comme déclassés, puisqu'ils ont renoncé au clocher, à la famille, à l'avenir; — qui ne servent ni pour l'honneur, ni pour l'argent; — des hommes dont on a exploité la jeunesse, à l'âge de vingt-quatre ans, quand on croit, par exemple, faire le bonheur d'une femme en souscrivant à ses caprices ou à ses besoins; — des individus, dis-je, en proie aux regrets pour la plupart et qui cherchent en vain, ou dans le vin, à oublier que, dès la quatrième année de leur service, on les a alléchés par quelque argent comptant, pour avoir le mérite incompréhensible et inadmissible, de représenter deux hommes sous les drapeaux, pendant la période de quatre à sept ans de leur service, tandis que le premier congé de sept ans se trouvait, par ce fait, prorogé d'autant, ce qui les amenait à trente-cinq ans, âge de la vie où l'on a oublié ce qu'on a su, si l'on n'a pas pratiqué; où l'on se trouve trop vieux pour entreprendre quoique ce soit, même de se marier, ce qui frise le remords et le découragement.

Par l'exposé ci-dessus, j'ai désigné suffisamment les hommes liés au service par engagement volontaire après libération, ou rengagement au titre de la dotation de l'armée, et c'est sur ces militaires que j'ai jeté mon dévolu pour devenir colons, un peu par force et beaucoup par nécessité, parce que je leur attribue une moyenne d'âge de trente ans, époque de la vie où l'on commence à réfléchir, si même des instincts secrets ne vous commandent pas, impérieusement, d'asseoir la famille et les intérêts; de plus, ces militaires ont à répéter, sur l'État, une somme de 1,500 fr., formant la deuxième portion de leur prime de rengagement, payable seulement à la libération définitive, et comme l'on ne peut se mettre à son compte, sans avances et sans avoir résisté aux débuts et bravé le climat, ce sont les principales causes pour lesquelles je ne vois vraiment que ces gens, susceptibles de réussir en Algérie.

Heureusement pour l'armée, mais malheureusement pour mon projet, la dotation, qui datait de 1855, a été abrogée par la loi du 1er février 1868, qui a remis en vigueur le remplacement, ce qui fait que la libération extrême de ces militaires, ne dépasse plus le 31 mars 1876, tandis qu'il aurait été préférable que les classes fussent échelonnées, jusqu'en 1880 par exemple, ce qui aurait présenté plus de ressources pour le recrutement, et partant, plus de garanties pour l'institution, car, on aurait groupé ces hommes par année de libération, de façon que les centres agricoles fussent émancipés, successivement, à l'expiration du temps de service dû par chaque groupe.

Mais, puisque nous n'avons plus cette latitude et pour lors moins de choix, il faut, par conséquent, opérer sur une plus petite échelle, avec les éléments qu'on possède, et comme je considère qu'il faut au moins trois ans pour créer, organiser et mettre en culture les terrains dépendant d'un groupe, force est d'opérer : 1º sur les hommes libérables en 1874; 2º sur ceux ayant droit à leur libération en 1875; 3º sur les libérables dans le premier trimestre 1876, tout en regrettant, faute d'engagés ou de rengagés après libération en nombre suffisant, d'accepter les remplaçants administratifs qui ne sont pas tous dans les conditions d'âge désirables, mais auxquels il reviendra également 1,500 fr., à la libération, ce qui est l'essentiel.

Ainsi, ayant pu me procurer le dernier rapport, publié le 13 avril 1869, sur les opérations de la caisse de la dotation en 1868, je trouve qu'il existait au 1er janvier 1869, savoir :

PREMIÈRE DIVISION.

État M.	Rengagés ou engagés avant d'avoir accompli quatorze ans de service, libérables en 1874.................. 10.840	
État N.	Remplacements administratifs libérables en 1874.................. 11.611	22.451
	dont il faut déduire les pertes survenues depuis l'incorporation, et estimées, faute de statistique, à la moitié, soit..................	11.225
	Ce qui fait qu'il resterait encore sous les drapeaux, au 1er janvier 1872..................	11.226
	dont il convient de diminuer également la moitié pour les militaires qui n'accepteraient pas cette position..................	5.613
	soit, de bonne volonté, libérables en 1874 et disponibles pour la colonisation..................	5.613

DEUXIÈME DIVISION.

ÉTAT M. Rengagés ou engagés avant d'avoir accompli quatorze ans de service, libérables en 1875 .... 6.346

ÉTAT N. Remplacements administratifs libérables en 1875.............. 253

} 6.599

A déduire les pertes survenues depuis l'incorporation, estimées approximativement à la moitié 3.299

D'où il résulte qu'il resterait encore sous les drapeaux........................... 3.300

dont il convient de diminuer la moitié pour les militaires qui n'accepteraient pas cette position........................... 1.650

soit, de bonne volonté, libérable en 1875 et disponibles pour la colonisation........... 1.650

TROISIÈME DIVISION.

Engagés ou rengagés avant quatorze ans de service, libérables en 1876.............. 1.369

dont la moitié, pour les pertes survenues, est de........................... 684

Resterait...... 685

A déduire également, la moitié pour les non-acceptants........................... 343

Disponibles au 1er janvier 1872.......... 342

RÉCAPITULATION
{ 1re division..... 5 613
{ 2e id. ..... 1.650 } 7.605
{ 3e id. .....   342 }

Total général des hommes de bonne volonté, et
comptant à l'effectif au 1er janvier 1872..... 7.605

Maintenant, si le gouvernement jugeait que deux ans
suffisassent pour constituer normalement un groupe, l'on
pourrait recourir aux hommes libérables en 1873 et qui
donneraient, dans la même proportion de réduction que
ci-dessus, 5,460 hommes disponibles, mais, il est vrai, avec
une deuxième portion de prime moins forte, variant, je
crois, entre 1,000 et 1,300 fr., ce qui n'altérerait en rien,
du reste, le principe de l'institution.

Néanmoins, je laisse de côté cette dernière hypothèse,
m'arrêtant au chiffre de 7,605 hommes à rechercher exac-
tement, et, comme il importe d'être fixé officiellement sur
les ressources en hommes de bonne volonté disponibles,
je procède, ainsi qu'il suit, au dénombrement et à la manière dont j'entends cette colonisation, employant, à cet
effet, la forme circulaire, qui se prête mieux à l'explication
des choses et à l'intelligence des faits.

CIRCULAIRE.

Ministre de la Guerre à Généraux.

Messieurs, le gouvernement est dans l'intention de deman-
der à l'Assemblée nationale, l'autorisation et le crédit nécessaires pour former des colonies militaires agricoles en Algérie, au moyen des hommes appartenant exclusivement à la
dotation de l'armée, par la raison que ces militaires ont une

moyenne d'âge de trente ans, qui doit les porter à songer sérieusement à se créer un avenir, et qu'en outre, ils auront à toucher la deuxième portion de leur prime, formant l'avance indispensable pour leur permettre de s'établir, à leur compte, à leur libération définitive.

Le laps de temps jugé nécessaire pour la bonne composition et l'organisation de ces centres agricoles étant de trois ans, les hommes qui sont libérables en 1874 et jusqu'au 31 mars 1876, date de l'extinction de la dotation, seront seuls appelés à profiter de cette faveur.

Mais, avant de faire appel à la bonne volonté des individus, il convient de leur faire connaître ce qu'on exigera d'eux et, en retour, quels seront les avantages qui en résulteront pour leurs personnes.

En conséquence, vous ferez savoir aux intéressés qu'ils continueront à relever de la discipline et du commandement de l'armée; qu'ils seront établis, par groupes d'au moins cent hommes, sur des terrains de choix, sains et pourvus d'eau, en variant les aptitudes et les professions selon les besoins des groupes; qu'ils seront libérables ensemble, dans chaque groupe, ainsi que leurs chefs, soit qu'ils aient droit à leur congé ou à la retraite, de façon que le centre agricole passe, du jour au lendemain de la libération, du cantonnement au régime de la commune; que le service militaire sera la chose accessoire, le temps devant être employé, de préférence, à l'amélioration du sol, à l'ouverture de voies de communication et d'exploitation, à l'établissement de fontaines et de plantations d'utilité publique; que les produits seront cumulés avec la solde et formeront un fonds de réserve, destiné à améliorer l'aménagement et la nourriture, à acheter des instruments aratoires, ou autres outils spéciaux pour l'exploitation et que ces objets seront la propriété du groupe, sans que ceux qui seraient forcés de l'abandonner avant son émancipation civile, n'aient rien à prétendre sur ce fonds commun.

Le territoire affecté au groupe sera divisé, tout d'abord, en autant de lots qu'il y aura de parts à distribuer; le commandant aura quatre parts; les officiers inférieurs ou assimilés, trois parts; les sous-officiers, deux parts; les caporaux et soldats, une part.

Le lot comprendra quarante hectares au moins, sans qu'il soit nécessaire que le terrain soit d'un seul tenant, l'important étant que les bonnes et mauvaises terres, ainsi que les bois, s'il y en a, soient répartis le plus également possible. Ces lots seront toujours tirés au sort quand il y aura lieu d'en faire la distribution, sans faveur ni privilége.

Les militaires qui, par inconduite soutenue, inaptitude, maladie prolongée ou autres causes incompatibles avec la colonisation, seraient susceptibles de rentrer à leurs régiments, seront proposés, aux revues trimestrielles de janvier, avril, juillet et à l'inspection générale d'octobre, pour le renvoi, appuyé de l'avis de tous les gradés dont ils relèvent hiérarchiquement, de façon à entourer cette formalité de toutes les garanties possibles; ces états seront transmis, avec son opinion motivée, par l'officier général ou supérieur chargé de l'inspection des centres agricoles, au ministre de la guerre, qui statuera et enverra un même nombre d'hommes de la classe correspondante, pris parmi ceux conservés en réserve pour remplacer les manquants, de façon que l'effectif soit toujours au complet, en tenant compte des demandes des directeurs, quant aux professions ou emplois qui seraient nécessaires aux groupes, pour le moment.

Aux inspections générales, un certain nombre d'hommes, formant le cinquième des caporaux et soldats du groupe, — lequel chiffre pourra être réparti inégalement sur les années restant à s'écouler jusqu'à la libération générale, — seront choisis parmi les meilleurs sujets, en même temps que les plus laborieux, à titre d'encouragement et comme prix de vertu, pour prendre possession immédiate de la part de terrain qui serait revenue à chacun d'eux, à la constitution civile du centre. Les lauréats seront placés dans la réserve, avec obligation de rester, sur le terrain, jusqu'à la libération complète du groupe dont ils font partie, sous peine d'être rappelés et de perdre le bénéfice de leur lot; la deuxième portion de prime leur sera payée par anticipation; de plus, chaque homme sera autorisé à aller se marier en France, avec droit de passage pour l'aller et le retour, et la future sera dotée de 500 fr. par les conseils généraux des départements et de 500 autres fr. fournis par le conseil général de la province à laquelle le centre agricole appartient, les subventions à provoquer de la part des départements de France et des provinces de l'Algérie, devant correspondre au nombre d'hommes de troupe que comportera l'ensemble des colonies agricoles. Les hommes qui auront droit à leur congé, dans le cours de la dernière année du groupe, jouiront des mêmes avantages, relativement à la concession anticipée, et aussi, en ce qui concerne le mariage. Les uns et les autres recevront, à la libération générale, le dividende de répartition du fonds commun attribué seulement à la troupe.

Enfin, chaque colon sera mis en possession définitive de sa part, à la libération générale du groupe; le centre agricole sera alors érigé en commune mixte, les autorités et agents municipaux relevant de l'État, et pendant les six premiers mois de cette année, des échanges de convenance pourront s'effectuer de gré à gré, avec la sanction administrative locale, pour les lots ou portions de lots échus au tirage. Les colons auront la faculté, dans le cours de cette même année, de se marier avec prime, sous la seule condition que la femme n'ait pas dépassé trente ans, à moins qu'elle ne soit veuve de militaire. Le plan cadastral sera établi dans le deuxième semestre et l'impôt courra à partir du 1er janvier de l'année suivante, où, tous, sans exception ni réserve, rentreront sous l'empire des lois, c'est-à-dire avec commune de plein exercice et faculté d'aliéner et d'hypothéquer sa propriété.

En conséquence des instructions qui précèdent, tous les militaires relevant de la dotation de l'armée, libérables du 1er janvier 1874 au 31 mars 1876 et comptant à l'effectif des corps, gendarmerie, pompiers et armée de mer compris, qu'ils soient présents ou absents, devront se prononcer, par écrit, sur la proposition qui leur est faite, après connaissance des conditions et des avantages offerts; ceux absents seront consultés par les soins de la gendarmerie. Il me sera adressé des états à part, pour MM. les officiers supérieurs, ou autres qui atteindraient le terme de leur service aux époques précitées et MM. les Généraux me feront parvenir les états des corps de troupe sous leurs ordres, le 1er octobre prochain.

Recevez, etc.

MODÈLE DE L'ÉTAT A FOURNIR

Régiment.

ÉTAT NOMINATIF des Militaires du Régiment, liés au service en vertu de la loi sur la dotation de l'armée, libérables du 1er janvier 1874 au 31 mars 1876, et comptant à l'effectif du corps à la date du 16 septembre 1871.

Numéros matricules.	NOMS et PRÉNOMS.	GRADE.	Position de		Ageant 1er janvier 1872, en chiffres ronds.	PROFESSION.	S'il sait lire et écrire	TITRE sous lequel il sert.	DATE de la libération.	Montant de la 2e portion de prime à toucher à la libération.	Acceptant		Mutation abrégée des absents? et observations
			présent.	absent.							Oui.	Non.	
7010	Dumay (Eugène)...	Fusilier...	1	»	29	Tailleur de pierres.	L.	Engagé volontaire après libération	27 août 1874...	1.500	1	»	
8110	Duvac (Louis).....	Sergent...	»	1	31	Menuisier	L. E.	Rengagé........	31 déc. 1875..	750	»	1	Amputé à l'hôpital de La Rochelle.
	Totaux...		1	1							1	1	
	Effectif général ...		2 (1)								2 (1)		

(1) Ces totaux doivent être égaux.

NOTA. — Les hommes seront inscrits par date de libération.
Ceux libérables à la même date, par rang de numéro matricule.
Un bulletin nominatif individuel sera mis à l'appui de chaque homme, acceptant ou non. — Si le bulletin n'avait pu parvenir, le motif en serait donné dans la colonne des observations.

MODÈLE DU BULLETIN INDIVIDUEL

Régiment.

Bulletin individuel de consultation à mettre à l'appui des propositions à faire pour les colonies agricoles en Algérie

7010. — DUMAY (Eugène), libérable le **27 août 1874**.

Après avoir pris connaissance de la circulaire ministérielle en date du   , déclare vouloir (*ou* ne pas vouloir) faire partie des colonies agricoles militaires à créer en Algérie.

Signature.

Admettons maintenant que le relevé des états des corps m'ait reproduit le chiffre de 7,605 hommes disponibles, acceptant, et décomposé en 5,613 libérables en 1874, 1,650 en 1875 et 342 en 1876, je procède à la répartition de ces militaires sur les territoires européens, en supposant que des terrains soient susceptibles d'en recevoir un nombre égal par province, et reprenant la décomposition ci-dessus, de :

	Libérables en 1874.	Libérables en 1875.	Libérables en 1876.	TOTAL.
	5.613	1.650	342	7.605
Je retranche auparavant un tiers pour les remplacements destinés à maintenir les centres agricoles toujours au complet	1.871	550	114	2.535
et je n'opère réellement plus que sur....................	3.742	1.100	228	5.070
dont le 1/3 par province est de	1.247	367	76	1.690

Le nombre des libérables, en 1876, étant trop faible pour former un groupe, je reprends le chiffre total que j'attribue à la province de Constantine et, des contingents ci-dessus, je crée, dans cette même province :

	Libérables en 1874.	Libérables en 1875.	Libérables en 1876.	TOTAL.
Un centre de..............	250	125	114	
Un centre de..............	220	122	114	
Un centre de..............	200	120	»	
Un centre de..............	155	»	»	
Un centre de.	155	»	»	
Un centre de..............	142	»	»	
Un centre de..............	125	»	»	
TOTAL ÉGAL.....	1.247	367	228	1.842

soit 1,842 hommes pour la province de Constantine, répartis dans douze centres agricoles, ce qui exigerait environ quatre-vingt mille hectares, pour satisfaire aux besoins de cet effectif.

L'importance des centres étant subordonnée aux terrains disponibles sur le même point, il ne peut être rien précisé, quant à l'effectif de chacun d'eux. Pourtant, je pose en principe que plus les centres seront multipliés, moins il y aura de difficultés pour leur établissement et pour le lotissement, la direction, la surveillance et le contrôle. Le principal est que le groupe puisse se défendre et se suffire; que son installation première ne soit pas trop dispendieuse pour l'État, et pour lors, l'effectif de cent cinquante hommes, tout compris, me semble être dans les meilleures conditions pour obtenir ce résultat.

Les détails qui précèdent me semblent assez clairs pour se former une opinion sur le système de colonisation militaire que je préconise; cependant, une analyse succincte, sur un groupe pris au hasard, pourra peut-être faciliter l'intelligence de certains points qui paraîtraient douteux.

Je prends donc pour sujet, le troisième groupe de cent vingt hommes des libérables en 1875, et avant de procéder à la reconnaissance des chefs, je débaptise tous les gradés et leur donne des dénominations en rapport avec leurs nouvelles fonctions. Ainsi, le chef du groupe s'appellera directeur-commandant; l'officier le plus élevé en grade après lui, sous-directeur chargé des travaux; les lieutenants et sous-lieutenants, chefs d'ateliers; les sergents, maîtres; les caporaux, contre-maîtres, et les soldats, ouvriers.

Cette colonie est installée aux frais de l'État, près d'une fontaine ou cours d'eau ne tarissant jamais, dans trois bâtiments en maçonnerie, ou en bois si la pierre manque; l'un sert de caserne, avec pavillon pour les officiers, et chambre à part pour les sous-officiers. Le deuxième bâtiment contient la manutention et le magasin aux vivres; le troisième sert de magasin au centre agricole, avec hangar pour mettre le matériel à couvert : une infirmerie y est jointe.

Ces constructions seront faites économiquement, en tenant compte de leur destination ultérieure. Les travaux seront exécutés par les militaires du groupe, sous la direction du Génie, avec adjonction de soldats de l'armée active, de façon que les hommes de la colonie soient promptement à l'abri; ces bâtisses achevées, l'on procédera à l'ouverture de voies de communication se reliant à la mer ou à l'une des artères déjà établies et qui y aboutirait, et, lorsque ces travaux d'intérêt public seront terminés, le groupe sera abandonné à ses propres forces, agissant, avec le concours d'agents spéciaux, au lotissement des terrains et du futur village, sans oublier de réserver des terrains communaux.

Pendant la durée du stage à accomplir par le groupe, le travail sera réglé de façon que l'intérêt général en soit exclusivement le mobile; les fontaines, rues, places, jardins et plantations ne devront pas être négligés; chaque emplacement aura un numéro correspondant au lot tiré au sort, excepté pour les parties prenantes qui participent à plusieurs parts, dont les emplacements seront désignés à l'avance, quoique tirés au sort dans chaque catégorie; il sera ouvert des chemins vicinaux pour desservir les propriétés; et enfin, le défrichement et la mise en rapport des terres, formeront la base principale de l'exploitation, dont les produits viendront s'ajouter à la solde, ainsi que certaines denrées, fournies en espèces par l'État. La prime journalière d'habillement sera versée à la masse individuelle. Le cinquième des hommes de troupe pourra être mis en possession de leur lot, par anticipation, soit vingt hommes sur les cent soldats que j'attribue au lot sur lequel j'opère : il y aura, par conséquent, au moins vingt feux, comme noyau, établis sur l'emplacement du village, à la libération du groupe.

A la libération de ce centre agricole, laquelle aura lieu le 31 décembre 1875, les lots non occupés seront distribués aux hommes comptant à l'effectif, quel que soit le temps passé dans la colonie. Les bâtiments resteront encore un an à la disposition de la commune mixte, avec des autorités civiles nommées par l'État de manière à faciliter les échanges, l'établissement du cadastre et trancher, sans intervention étrangère, les contestations qui pourraient se produire au moment de la transformation; puis, l'année suivante, le village rentrera dans le droit commun et les constructions deviendront établissements municipaux, remboursés au Trésor par la commune de plein exercice, par annuités et à moitié prix de ce qu'elles ont coûté.

Alors, la caserne deviendra hôpital et gendarmerie; la manutention, le four public; les magasins, l'église. Enfin, le magasin du groupe, la mairie, tandis que le hangar y attenant, servira de marché couvert, et l'infirmerie, d'école.

J'arrive maintenant aux dépenses et j'estime que chaque groupe coûterait, en moyenne, 100,000 fr. à l'État, soit un crédit de quatre millions pour l'installation de ces colonies. Les départements auraient à subvenir à la dot de 5,070 jeunes filles, à raison de 500 fr., égalant 2,535,000 fr. à diviser sur 88 départements, ce qui donnerait une moyenne de 28,806 fr. à répartir sur cinq années, soit 5,761 fr. par an, tandis que les provinces algériennes auraient à voter la même somme, en cinq annuités, soit 845,000 fr. par province.

Certes, c'est de l'argent au moment où la France et l'Algérie, appauvries par la guerre, ont besoin de toutes leurs ressources : pourtant, nous sommes bien loin des cinquante millions votés, en 1848, pour les déportés!... Or, qui veut la fin veut les moyens, et si le concours des départements et des provinces était acquis au gouvernement, il n'y aurait pas, ce me semble, à hésiter, car jamais occasion pareille ne se rencontrera pour implanter en Algérie une population aguerrie, habituée aux indigènes,

acclimatée, connaissant son terrain et possédant l'argent
nécessaire pour s'installer et vivre convenablement : bref,
une pareille épreuve serait décisive, attendu que la prospérité de ces centres agricoles, ferait la force de l'Algérie, et
par contre, leur insuccès devrait nous ramener sur la côte,
car il faut absolument coloniser ou se retirer.

Ce n'est pas trop présumer que, dans de pareilles conditions de stabilité et de sécurité, l'émigration et l'initiative
individuelle, entraînées par l'exemple, apporteraient leur
contingent au peuplement du territoire européen; beaucoup
de militaires et d'employés, favorisés de terrains par l'État,
imiteraient aussi cet exemple; bref, ce noyau pourrait gros-
sir et présenter la résistance homogène à opposer à la population arabe.

Quant aux territoires indigènes, puisque je rejette le sénatus-consulte, qui, je le reconnais, était pourtant un moyen
honnête de se débarrasser des Arabes, mais dans un temps
éloigné, gros de danger pour notre occupation, j'aime à
croire que le séquestre, appliqué aux territoires compris
dans cette zone, entraînera, logiquement, la suppression des
populations insurgées et qui, dépossédées, n'auront plus
leur raison d'existence et devront, à ce titre, être refoulées
ou déportées, sous peine de nous exposer à leurs dépréda-
tions.

Eh bien! après m'être rendu compte des crimes commis
par la tribu séquestrée et avoir reçu, en masse, sa soumission à discrétion, voici ce que je ferais, si j'en avais le pou-
voir : je ferais décapiter tous les chefs qui, à un degré quel-
conque, ont entraîné les populations à la révolte et je ferais
fusiller dix Arabes, tirés au sort, par tête d'Européen mas-

sacré; le reste serait envoyé à Cayenne, tout en regrettant que Madagascar ne soit pas libre; puis, sur les emplacements séquestrés, en territoire indigène bien entendu, j'installerais, à titre définitif et individuel, tous les Arabes qui ont servi la France sur les champs de bataille ou dans les diverses administrations; ceux restés fidèles ou considérés comme tels et, subsidiairement, les fellah et khammès du territoire civil, ainsi que l'excédant de certaines tribus qui n'auraient pas pris part à l'insurrection; je ne leur marchanderais pas le terrain, tout en réservant une forte partie, à titre de communal. Je leur abandonnerais les femmes et enfants des insurgés, à la condition d'avoir soin des vieillards; les tentes, tapis, bétail, récolte et le matériel de la tribu dépossédée, seraient estimés et le tout remis à ces colons arabes, avec lesquels des arrangements seraient pris, pour que la valeur servît à indemniser les particuliers et le Trésor, des préjudices et dépenses occasionnés par la guerre.

Ces Arabes, établis sur les points les plus rapprochés de la frontière ou du désert, serviraient d'avant-garde à la colonisation européenne, qu'ils préserveraient des incursions du dehors et ils s'administreraient d'après leur religion et leurs mœurs, sous l'autorité de chefs arabes, anciens officiers de tirailleurs ou de spahis nommés par nous, la justice française ordinaire étant trop lente, trop formaliste et trop dispendieuse pour convenir à leur statut; et nous n'interviendrions, autant que possible, dans leurs affaires, que pour faire respecter nos nationaux et l'autorité.

Les tribus intermédiaires, que je dénommerai « territoires mixtes, » resteraient dans l'état actuel, que j'appellerai « état latent pour la classification, » et, au fur et à mesure des dépossessions selon les besoins de la colonisation européenne, ces tribus recevraient, à titre définitif, des terres en territoire indigène, dans les mêmes conditions que les précédents.

L'administration des territoires indigènes et mixtes serait modifiée profondément, ainsi que l'institution des bureaux arabes, dont on ne peut se passer de longtemps.

Quant à la question si complexe et si embarrassante des successions indigènes, je la réglerais d'après le principe que, « si l'on n'est pas obligé d'accepter la religion du pays qu'on habite, on est forcé d'en subir les lois. » Ainsi, l'Arabe devenant propriétaire en territoire européen, serait obligé de déclarer sa lignée, qui serait inscrite, dans l'acte, à titre de notoriété. La femme ou les femmes dont il serait pourvu, seraient ses légitimes; les enfants nés avant ces mariages seraient enfants naturels ou proviendraient de veuvage; et, enfin, ceux qui naîtraient d'autres femmes, durant ce ou ces mariages, seraient illégitimes, et les enfants légitimes, après quelque temps d'expérience, sauraient bien faire respecter leur titre d'héritier direct, quitte à eux à avantager ceux qu'ils croiraient lésés par le partage, ainsi que cela se pratiquait avec le droit d'aînesse.

Enfin, ceux qui ne s'accommoderaient pas de cette législation, se retireraient en territoire mixte ou indigène.

Il ne faut pas perdre de vue que l'Algérie se débat dans le marasme qui décourage et rend injuste, et il n'est pas trop tôt qu'on applique un remède héroïque, pour relever son moral et sa foi dans l'avenir, bien ébranlés par les conflits d'autorité, le manque d'institutions consistantes et stables, et aussi de populations laborieuses et compactes, mais surtout par ces soulèvements périodiques, qui se produisent, sans causes plausibles et qui menacent aussitôt le colon dans son existence, ses affections et ses intérêts.

Officier dans les tirailleurs de Constantine, de 1842 à 1856, après avoir parcouru les trois provinces, dans la ligne, de 1839 à 1842. Intéressé comme colon, avec mes frères, dès 1850; retraité et établi, depuis novembre 1867, sur la propriété créée par nous, à la date précitée; ex-membre du Conseil général de la province; vivant constamment au milieu des Arabes, je crois, sans présomption, les connaître et savoir les diriger. Je suis avec eux comme lorsqu'ils étaient soldats, et c'est peut-être à cet ancien prestige, que la coërcition amène toujours la soumission.

Il faut, avec l'Arabe, de la justice et beaucoup de sévérité; il aime la vigueur et l'énergie chez l'autorité et il se ferait volontiers son séïde, par entraînement d'admiration ou de gain, si le châtiment était à la hauteur de la faute, tel qu'il le comprend; aussi, la mansuétude et la longanimité que nous montrons à leur égard, nous font-elles plus de tort qu'une répression sévère : c'est si vrai, qu'on a pu fusiller, il y a quelques mois, trente-sept Arabes, sans que cette exécution insolite, ait provoqué la moindre représaille.

Or, je suis profondément convaincu que si une tribu eut disparu en entier, la légende s'en serait emparé et il n'y aurait plus eu de révoltes; car, s'ils craignent leurs chefs ou marabouts, cela ne va pas jusqu'à sacrifier leur liberté, l'emplacement surtout, à l'outrecuidance ou au fanatisme de ces ambitieux illuminés, qu'ils livreraient bel et bien, s'ils étaient assurés que l'autorité française saurait les protéger.

Je terminerai en faisant remarquer que je ne me suis pas

étendu sur le caractère privé des indigènes, n'ayant pas grand bien à en dire. J'imiterai la même réserve, en ce qui touche les militaires relevant de la dotation, dont il importe de débarrasser l'armée, au plus vite, au point de vue de la discipline et de l'avancement, en présence du service obligatoire, qui exigera du tact et de l'instruction, de la part de ceux appelés à l'honneur de commander;

Et, comme conclusion, je demanderai :

1º Quand reconnaitra-t-on que le sujet révolté est hors la loi et, qu'en fait d'insurrection, il faut réussir pour avoir raison ?

2º Traitera-t-on des incendiaires, des pillards, des massacreurs, mieux que nous n'avons traité les communeux et que nous n'avons été traités, nous-mêmes, par les Prussiens ?

3º Veut-on en finir avec ce système de pusillanimité et de faiblesse qui nous rend dupes, nous fait mépriser de ces gens et leur assure l'impunité ?

La soumission des Arabes est au bout de ces interrogations ? ? ?

ÉPILOGUE

Ne perdons pas de vue un seul instant :

Que les Arabes ont la conviction que nous abandonnerons un jour leur pays, comme l'ont fait leurs anciens dominateurs, les Romains, les Vandales et les Turcs;

Qu'en prévision d'une revanche européenne, il faut que l'Algérie soit une cause de force et non d'affaiblissement pour la mère-patrie.

C'est à la France d'aviser!